L_k^7 4024

Réponse à l'article :

LES CANTIQUES DE LA RUE

CONTRE LE CHOLÉRA,

INSÉRÉ DANS *L'ÉCHO* DU 7 SEPTEMBRE,

Et à celui publié le 10 dans le même journal, à l'occasion de la bénédiction d'une image de la Sainte Vierge.

L'AUTEUR du premier article dont nous rapporterons par analyse les principales objections, veut bien ne pas quereller *les âmes pies*, sur l'hygiène de leur choix, pourvu que les pratiques qui les soutiennent ne se montrent pas au grand jour. Mais il se plaint de la *superstition* qui cherche à se produire au dehors. La Divinité hait et condamne l'ostentation, cette volupté de l'orgueil.

Le critique n'a oublié qu'une chose, c'est de nous dire ce qu'il entend par *superstition*. Nous l'engageons à formuler sa profession de foi : c'est là un point essentiel ; car que répliquer à un homme qui vous taxe de superstition, si vous ne savez pas, s'il est juif, protestant, déiste ou athée ? Nous lui promettons de notre côté, quand il aura répondu à notre défi, de justifier et de défendre notre croyance. Qu'il apprenne en attendant que l'ostentation ne se trouve pas nécessairement dans les actes extérieurs, mais que l'intention seule en est la source. Qu'il sache encore que la manifestation publique du respect et des hommages que nous rendons à la Divinité, ou aux objets relatifs au culte, bien loin de déplaire à Dieu, lui est au contraire très-agréable. Le Sauveur du monde ne dit-il pas lui-même : « Que votre lumière luise » devant les hommes, afin que, voyant vos » bonnes œuvres, ils en rendent gloire à votre » Père qui est dans le ciel. » Et « quiconque » donc se déclarera pour moi devant les hommes, je me déclarerai moi-même pour lui » devant mon Père qui est dans le ciel. Et » quiconque me renoncera devant les hommes, je le renoncerai devant mon Père » qui est dans le ciel. »

Pourquoi, au reste, venir nous parler d'ostentation, de cette volupté de l'orgueil ? Certes, nous ne vivons pas à une époque où l'on puisse être tenté de faire ostentation de son attachement à la religion : l'amour-propre, qui est le principe de ce vice, n'y trouverait pas son compte. Convenez plutôt qu'il faut ou un grand fond d'humilité, ou une rare énergie de caractère, ou une profonde abnégation de soi-même, pour se mettre au-dessus du respect humain, et pour braver le sourire insultant et le sanglant sarcasme de l'impiété. Cela est si vrai que sans le respect humain qui exerce un empire si tyrannique sur tant de gens obligés de vivre dans le monde, on verrait bien un plus grand nombre de personnes encore s'associer aux exercices de piété dont nous prenons ici la défense. Car enfin, ce culte qu'on rend à la Mère de Dieu et contre lequel on s'élève, est recommandé et approuvé par l'église; la raison le justifie; un événement récent, l'effet prompt et comme miraculeux de la procession faite par les pauvres de l'hospice-général à *Notre-Dame de Grâce*, fournit une nouvelle preuve du crédit et de la puissance dont *Marie* jouit auprès de son divin fils; le choléra a déjà fait de nombreuses victimes; il a déjà porté la désolation et le deuil dans beaucoup de familles; d'autres doivent redouter d'en être visitées à leur tour; l'épouse peut trembler pour les jours de son époux, la mère pour ceux de ses enfants et *vice-versâ*; pourquoi donc ceux qui ont la foi ne s'empresseraient-ils pas à l'envi de porter publiquement leurs supplications aux pieds du *secours des chrétiens*, si le respect humain, si une fausse honte ne les retenaient pas? N'a-t-on pas, dans tous les tems, au milieu des fléaux et des calamités générales, cherché à fléchir le ciel par des actes extraordinaires de religion? Et peut-il y avoir un moyen plus efficace que la manifestation publique de ses sentiments religieux, dans un tems où l'on fait tant d'efforts pour arracher de l'esprit et du cœur des peuples l'idée d'un Dieu vengeur et rénumérateur?

Mais voici d'autres griefs. La conduite de ceux qui invoquent publiquement la protection de la Mère de Dieu, ne porte pas, selon l'auteur que nous combattons, la trace d'un sentiment d'égalité, d'équité, de bienveillance envers les autres habitans, voisins, passans ou dissidens. Ces derniers ne se trouvent-ils pas être ainsi les témoins forcés de scènes qui peut-être les *troublent, leur noircissent les idées* ou répugnent à leur croyance?

Nous en sommes fâchés pour notre Aristarque, mais ses plaintes sont déraisonnables. Il y aurait inégalité, manque d'équité, absence de bienveillance, si les catholiques cherchaient à mettre obstacle à l'exercice des cultes dissidens. Mais ils n'y songent pas même. Ils savent, il est vrai, et la seule raison le leur enseignerait, s'ils ne l'avaient pas appris par la révélation, qu'il ne peut y avoir qu'une seule religion vraie, une seule manière de rendre à Dieu de dignes actes d'adoration ; mais ils savent aussi que les convictions religieuses ne se commandent pas, que Dieu seul peut éclairer les esprits, et qu'un culte même erroné, quand il est autorisé ou toléré par les lois du pays, a droit à un respect passif, puisque c'est toujours un hommage rendu à la divinité, qui, s'il ne peut être méritoire pour le ciel, peut cependant attirer sur ceux qui le lui rendent, des bénédictions temporelles. Eh bien ! qu'on observe, à l'égard des catholiques, la même équité : ils n'en demandent pas davantage : ils ont droit d'ailleurs à cette équité, puisque la liberté des cultes est un principe fondamental de la constitution.

Mais que parlons-nous d'équité ? notre adversaire s'en embarrasse bien peu ; ce n'est pas à cette source qu'il est allé puiser ses inspirations ; d'une part c'est la haine, d'autre part c'est la peur qui a dirigé sa plume. Oui, la peur. Et n'est-ce pas la peur de la contagion de l'exemple qui lui a fait faire l'aveu naïf que les exercices de piété des catholiques peuvent *troubler certains témoins, leur noircir les idées ?* A-t-il bien senti les avantages que nous pouvons tirer de cet aveu ? Ils sont décisifs. En effet, de deux choses l'une : ou les opposans à la religion catholique sont guidés dans leur opposition par une conviction pleine et entière ; ou ils ne le sont pas : dans le premier cas, la vue de ces exercices ne saurait les troubler, ni leur noircir les idées ; car une conviction pleine et entière, en matière de religion, n'est pas susceptible d'être ébranlée par des actes et des exercices qui lui sont contraires. Ces actes ou ces exercices ne leur portent donc aucun préjudice ; ils n'ont donc pas le droit, sous le régime de la liberté, d'y mettre obstacle, ni même de s'en plaindre : tout ce que la raison et l'équité leur permettent, c'est de chercher à faire passer leurs convictions, par des moyens que l'honnêteté et la probité avouent, dans l'esprit de ceux qui ne les partagent pas ; s'ils ne peuvent y réussir, rien ne les autorise à molester ceux qu'ils n'ont pu gagner par la persuasion ou le raisonnement : dans le second cas, c'est un véritable acte de démence que de vouloir que leurs doutes et leurs incertitudes l'emportent sur des convictions d'une nature opposée. Quoi ! Messieurs, les exercices catholiques vous troublent, vous noircissent les idées ! Il y a donc au fond de ces idées quelque chose, qui vous remue l'âme ; ils ont donc une signification et une portée qui ébranlent votre incrédulité ; ils reveillent donc en vous des souvenirs qui démentent votre apparente sécurité ! En un mot, vous n'avez donc pas une conviction pleine et entière de la superstition et du fanatisme de la religion catholique! Mais si cela est, messieurs, où est donc l'équité de votre part? Où est donc l'égalité des droits? Comment! les catholiques sont intimement persuadés que le choléra est un fléau de Dieu, qu'il est à la fois le ministre de sa miséricorde et de sa justice! Ils savent que le meilleur préservatif contre cette terrible maladie, c'est la prière, la prière publique, le recours à la sainte Vierge, canal par lequel leur viennent tant de grâces et de bienfaits si signalés! Ils ont des époux, des épouses, des enfans, des pères et mères, des amis, dont la conservation leur tient tant à cœur! La tendresse des uns a déjà été mise à de rudes épreuves, celle des autres peut l'être à chaque moment! Et il ne leur serait pas permis de recourir à ces moyens éminemment préservatifs! par la raison que la pratique vous en trouble, qu'elle vous donne des idées noires qu'il ne tiendrait qu'à vous de faire changer en idées consolantes! Grand Dieu! quelle équité! quelle justice! quelle tolérance!

« Qui sait, demande notre adversaire, si à deux pas de l'harmonie congréganiste, des malades ne souffrent pas doublement au bruit de ces voix pieusement glapissantes? C'est une chose connue que beaucoup de dames, d'ailleurs très orthodoxes, se détournent, dans l'occasion, de leur chemin, pour ne pas entendre ces lugubres litanies, etc., etc. Par quel privilége, ensuite, ériger la rue en chapelle catholique, tandis que les religionnaires des autres cultes se renferment dans les églises ? Que serait-ce, si les protestants sortaient à leur tour de leur temple, si les juifs installaient dans la rue les rites bruyans du Talmud, pour intéresser le ciel au salut de leur corps ? Ils y auraient le même droit, et probablement ils ne tiennent pas moins à la vie que les fidèles de la communion romaine. Mais les hérétiques ont un esprit de conduite qui les retient en deçà de l'excès ; ils gardent respect à la loi, on le sait » etc.

Nous ne savons pas trop ce que l'harmonie congréganiste a à faire là. Si c'est pour charmer les oreilles de nos jeunes et de nos vieux *esprits forts*, nous ne leur envions pas cette petite satisfaction. Mais ce que nous savons par expérience, c'est qu'il y aura bien peu de malades, même parmi ceux qui se sont le moins occupés de l'affaire de leur salut, qui se plaindront de ces chants pieux, Quand on est étendu sur un lit de douleur, les pensées se dirigent comme d'elles-mêmes vers le ciel; les passions, dont la voix enchanteresse nous a si souvent séduits, se taisent; les yeux se désillent et s'ouvrent comme malgré nous à la lumière; la terre, qui nous a si longtems bercés de ses illusions, perd de ses prestiges; elle n'a plus de consolation pour nous. La conscience, dont les avertissemens furent si longtemps dédaignés, reprend tous ses droits : on a beau vouloir se roidir contre sa voix menaçante, elle répète à chaque instant que cette âme sur les destinées de laquelle on a si peu réfléchi, ne rentrera pas dans le néant : elle montre au-delà des limites de la vie un juge juste et inflexible, si l'on ne se hâte pas de se jeter dans les bras de sa miséricorde. Et si l'espoir de la guérison cherche encore à appaiser les remords, si le respect humain retient encore l'élan d'un cœur désabusé, il en est bien peu dont il ne s'échappe quelques gémissements ou d'espérance ou de crainte. Ne pensez-vous pas que dans ce moment solennel et souvent décisif *le titre de salut des infirmes, de refuge des pécheurs, de consolatrice des affligés* que l'église donne à la Mère de Dieu dans ces litanies que vous appelez lugubres, soit plutôt propre à verser un beaume consolateur dans l'âme des malades qu'à doubler leurs souffrances? Mais admettons qu'il y ait des malades que ces chants incommodent ou effrayent, soit parce que leur faiblesse physique est telle que tout devient incommodité pour eux, soit parce que luttant contre les avis de la conscience, contre l'idée d'une vie future, où tout doit être remis à sa place, ils veulent éloigner de leur esprit tout ce qui pourrait les inquiéter sur leurs destinées éternelles, rien de plus simple que de les satisfaire : qu'un parent, un ami, un voisin, en avertisse les personnes qui se livrent à ces pieux exercices, et au lieu de chanter, ils prieront en silence; ils recommanderont même d'une manière spéciale à la miséricorde divine, ce malade, qui ne peut ou ne veut s'associer à leurs supplications, à leurs cris de grâce et de pardon. N'en doutez pas, Messieurs, les catholiques savent que la charité se trouve au premier rang des vertus : ils connaissent les ménagements qu'on doit aux infirmes, fussent-ils juifs, protestans, déistes ou athées : ils ne craignent point de faire violence au ciel en faveur de ceux-là même qui tant de fois les ont regardés de travers, accablés de leur mépris, poursuivis de leurs sarcasmes ; mais ils ne savent pas ajouter aux tourmens de celui pour lequel les portes de l'éternité sont prêtes à s'ouvrir; si leurs soins charitables paraissent avoir été inutiles, ils s'affligent devant le Seigneur, et ne se permettent pas de scruter les profondeurs de ses secrets qu'ils adorent en silence.

Au reste, le tendre intérêt que l'ennemi des cantiques et des litanies témoigne pour les malades nous étonnerait moins s'il élevait en même tems sa voix désapprobatrice contre les farces de la foire, contre ces divertissemens bruyans. Ne pense-t-il pas qu'ils pourraient être bien plus incommodes pour les malades que des chants modestes faits avec recueillement ?

Il est possible que des dames orthodoxes évitent de se trouver dans le voisinage de ces exercices pieux ; le respect humain peut les empêcher d'y prendre part, tandis que la vénération qu'elles ont pour les choses saintes peut faire qu'elles n'oseraient pas avoir l'air de les dédaigner. Leur exemple n'est donc d'aucun poids. Mais il nous sera bien permis de remarquer en passant que l'orthodoxie de telle ou telle dame qui n'aurait d'autre garantie que le témoignage de celui que nous refutons, nous inspirerait bien peu de confiance.

Par respect pour nos lecteurs, nous n'avons pas voulu rapporter le portrait peu flatteur que notre adversaire a tracé de ceux ou celles qui chantent. Nous n'avons pas cru d'ailleurs qu'il nous fût permis de remuer la boue dans un écrit que nous n'avons entrepris que dans le but de venger le culte de *Celle* que nous avons toujours regardée comme *notre Mère*, et qui, dans maintes occasions, nous a donné des preuves d'une protection spéciale. Toutefois, nous, qui avons sans doute mieux observé les groupes chantants que ne l'a fait le peintre, nous pouvons assurer nos lecteurs que son portrait est de pure imagination. Mais fût-il aussi naturel, aussi ressemblant qu'il est faux et imaginaire, fût-il vrai qu'il n'y a que des malheureux, destitués de toutes les qualités que l'Observateur, dans sa philanthropie, leur conteste, affligés de tous les maux qu'il leur attribue, qui se livrent à ces exercices religieux, cela n'ôterait rien au mérite et à la légitimité de ces pratiques : cela prouverait tout au plus que les pauvres, que les individus les plus maltraités par la nature, sont le plus près du royaume de Dieu, puisqu'ils seraient les premiers à ne pas rougir de lui devant les hommes. Il est surprenant d'ailleurs que l'*Echo*, ce zélé défenseur du pauvre et du malheureux, se soit rendu l'interprête d'une sortie si indécente contre les misères humaines. Commencerait-il à s'apercevoir que ses sermons irréligieux ne trouvent plus guère d'accès auprès d'une certaine classe d'hommes ? Et serait-ce pour cela qu'il leur retire son patronage ?

S'il était dans l'essence de la religion protestante de faire des actes de religion extérieurs, les catholiques n'y trouveraient rien à redire : ils ne penseraient pas même à troubler les juifs, car ils sont véritablement tolérants ; et la vue des cérémonies d'un culte opposé au leur ne saurait ni les effrayer, *ni les troubler, ni leur noircir les idées.*

Si nous voulions récriminer contre les hérétiques, que le contempteur de la religion catholique voudrait nous représenter comme de petits saints, comme des hommes enfin qui n'ont jamais troublé la société, nous n'aurions qu'à faire parler l'histoire : son langage ne serait pas aussi flatteur que le sien. Mais notre cause contre lui est trop belle, pour que nous ayons besoin de nous gendarmer contre ceux qui ne nous attaquent pas. Si l'envie leur venait de le faire, nous ne refuserions pas le combat.

Enfin, poursuit l'auteur que nous réfutons, *si dans les conditions locales où nous sommes, les lois en vigueur prohibent formellement les actes extérieurs du culte, les stations publiques, les cantiques à voie ouverte devant une madone illuminée, constituent une illégalité patente*, etc. etc.

Nous opposerons à cette objection un article qui a paru dans la *Boussole* du 30 juillet, et auquel on n'a pas répondu :

« Le conseil municipal de la ville de Lille
» a-t-il pu légalement interdire les processions
» de la Fête-Dieu ?

» Pour résoudre négativement cette ques-
» tion, il suffirait de dire : Puisque la
» charte de 1830, dit, article 5 : « Chacun
»» professe sa religion avec une égale liberté,
»» et obtient pour son culte la même pro-
»» tection », le conseil municipal de Lille a
» violé cette charte, dans une de ses dispo-
» tions fondamentales, en décidant que les
» processions de la Fête-Dieu n'auraient pas
» lieu. »

» Et certes, une telle réponse satisferait
» le bon sens, et ne pourrait être attaquée
» que par des écrivains de mauvaise foi. »

» Les rédacteurs de l'*Echo* ont cependant
» cherché tout récemment à résoudre cette
» question affirmativement. Catholiques, ja-
» loux de nos droits religieux, il nous im-
» porte de montrer toute la futilité des rai-
» sons qu'ils ont fait valoir à cet effet.

» Pour embrouiller la question, ils se sont
» efforcés d'établir une distinction entre la
» religion et le culte : mais cette distinction
» est entièrement oiseuse, puisque la pro-
» tection que la charte accorde et garantit,
» s'étend également à la religion et au culte.

» Ces écrivains se moquent du bon sens
» de leurs lecteurs, lorsqu'ils prétendent que
» la liberté du culte se rapporte uniquement
» à la croyance et au culte intérieur, et qu'il
» n'y a que celle-ci qui puisse être illimitée.
» Il n'est besoin d'aucune disposition consti-
» tutionnelle ou législative pour assurer la
» jouissance de cette liberté; elle échappe,
» comme nos adversaires l'avouent eux-mê-
» mes, à l'empire des lois; elle existe de
» fait à Constantinople, en Chine, en Perse,
» en un mot dans toutes les parties du monde.
» Nul législateur ne s'est attribué et n'a pu
» s'attribuer le droit d'intervenir dans les

» rapports intérieurs et secrets qui peuvent
» subsister entre l'homme et son créateur.
» Ainsi lorsque la loi fondamentale actuelle-
» ment en vigueur dit que *chacun professe*
» *sa religion avec une égale liberté, et ob-*
» *tient pour son culte la même protection*,
» il est évident qu'elle entend parler, non
» du culte intérieur, mais du culte public
» et extérieur.

» Il n'est pas moins évident que lorsque
» *l'Echo* affirme que la liberté des cultes
» qui se rapporte à l'exercice plus ou moins
» public, mais toujours extérieur, des rites,
» peut et doit être circonscrite dans les li-
» mites posées par les lois, il parle en l'air
» et avance des assertions entièrement gra-
» tuites, qui ne reposent sur rien, si ce
» n'est peut-être sur la maladie de son cer-
» veau ou l'impiété de son cœur. Sans doute
» la liberté du culte, en thèse générale, peut
» être limitée, car de quoi l'arbitraire et le
» despotisme ne sont-ils pas capables? Mais s'en
» suit-il qu'elle doit l'être? Certainement non.
» D'ailleurs, il ne s'agit pas, dans l'espèce,
» d'examiner ce qui pourrait être, mais ce
» qui est. Or, la liberté illimitée du culte
» garantie par la loi fondamentale de 1830,
» est un fait notoire et incontestable : la pro-
» messe de cette loi est formelle et expresse;
» elle n'a énoncé aucune restriction. Tous les

« raisonnemens sur lesquels *l'Echo* s'efforce
» d'étayer son opinion sont donc bâtis en l'air
» et ne supportent pas le moindre examen.

» Qu'il ne vienne pas nous objecter ici que
» les auteurs de la charte de 1830 n'ont pas
» entendu abroger les lois portées antérieure-
» ment sur cette matière. Cette objection se
» réfute d'elle-même. En effet, toutes les
» paroles d'un pacte fondamental, si l'on ne
» veut pas que ce soit un contre-sens ou un
» mensonge, doivent être sacramentelles :
» aucune constitution, aucune loi, aucune
» disposition antérieure ne saurait ni les
» modifier ni les infirmer : tout ce qui est
» contraire non-seulement à son esprit, mais
» même à sa lettre, est abrogé *ipso facto*.
» Ces vérités sautent aux yeux ; elles n'ont
» pas besoin de démonstration. Quel chaos,
» grand Dieu ! Si pour interpréter la charte
» de 1830, il fallait remonter à toutes les
» constitutions, à toutes les lois qui l'ont
» précédée et les coordonner avec elle ! Ce
» serait là une besogne devant laquelle les
» légistes de l'*Echo* eux-mêmes, *malgré leurs*
» *hautes lumières*, reculeraient tout décou-
» ragés !

» Nous pourrions borner là nos réflexions,
» si nous avions affaire à des logiciens de
» bonne foi. Mais il n'en est pas ainsi : il

» faut donc dévoiler un à un leurs so-
» phismes.

» Voici les textes des lois que l'*Echo* a
» cités pour corroborer son opinion.

Loi du 7 vendémiaire an IV. Art. premier.
«« Tout rassemblement de citoyens pour
»» l'exercice d'un culte quelconque est soumis
»» à la surveillance des autorités constituées.
»» Cette surveillance se renferme dans des
»» mesures de sûreté publique.

»» *Même loi.* Art. 16. Les cérémonies de
»» tous cultes sont interdites hors l'enceinte
»» de l'édifice choisi pour leur exercice.

»» *Concordat du 26 messidor an IX.* Art.
»» premier. La religion catholique, aposto-
»» lique et romaine, sera librement exercée
»» en France; *son culte sera public* (1) en
»» se conformant aux lois de police que le
»» gouvernement jugera nécessaires pour la
»» tranquillité publique.

»» *Loi organique du concordat.* Art. 45.
»» Aucune cérémonie religieuse n'aura lieu
»» hors des édifices consacrés au culte ca-

(1) Rapprochez cet article et surtout ces mots : *son culte sera public*, de l'article précédent d'une loi, portée 5 ans auparavant, et jugez de la bonne foi de l'*Echo* qui raisonne comme si la loi du 7 vendémiaire était encore en vigueur. (*Note de l'auteur.*)

»» tholique dans les villes où il y a des
»» temples destinés à différens cultes.

» Et après ces citations l'*Écho* de s'écrier:
» *Il est évident pour nous que l'art. 5 de la*
» *charte de 1830 n'a abrogé aucune de ces*
» *dispositions.*

» Oui, comme il est évident pour vous
» que la loi du 7 vendémiaire an IV, dia-
» métralement opposée au concordat de l'an
» IX, n'a pas été abrogée par le premier
» article de ce concordat ; c'est-à-dire que
» vous regardez comme évidentes et parfai-
» tement conciliables des dispositions con-
» traires et qui se repoussent réciproque-
» ment. Pauvres logiciens, pitoyables sophistes,
» quel aveu naïf et formel de l'absence de
« bonnes raisons, que l'obligation où vous
« êtes d'invoquer, en 1832, sous l'auspice de
« la charte de 1830, contre la liberté du
« culte catholique, une loi portée à une épo-
« que où il ne restait pas de vestiges de ce
« culte en France et où ses temples étaient
« fermés ou profanés ! Vous avez donc une
« bien mince idée du bon sens et de la sagacité
« de vos lecteurs pour ne pas craindre qu'ils
» se révoltent de cet outrage sanglant que
« vous faites à leur raison et à leurs lumières !!!

« Au fond, le concordat de l'an IX, abro-

« gé, (1) d'après les principes incontestables
« que nous avons établis plus haut, dans ses
» dispositions restrictives de la liberté des
» cultes, par la charte de 1830, l'avait déjà
» été par un concordat postérieur, conclu
» entre le Saint-Siège et Louis XVIII.

» Mais quand même le concordat de l'an IX
» serait encore en vigueur, ce que nous nions
» formellement, vous qui élevez si haut vos
» connaissances en législation, de quel droit
« venez-vous invoquer, à l'appui de votre opi-
« nion, un article de la loi organique de ce
« concordat! Ignorez-vous donc que le Saint-
« Siége, bien loin d'avoir donné son adhé-
« sion à cette loi, n'a cessé de protester contre
» son exécution? Et n'est-ce pas un principe
« de droit public comme de droit commun
» qu'un contrat passé entre-deux parties ne
» saurait être arbitrairement modifié dans une
» de ses clauses par une des parties contrac-
» tantes? Si donc Bonaparte eût fait plier le
» bon droit devant son despotisme, en ré-
» sulterait-il une restriction légale de la li-
» berté catholique, alors même que le con-
« cordat de l'an IX aurait encore force de loi?
» Evidemment non : l'arbitraire *ne saurait pas*
» *plus anéantir que créer un droit.* Aussi
» Bonaparte lui-même a-t-il reconnu tacitement
» son tort : depuis la promulgation du con-

(1) En tout état de choses.   (*Note de l'auteur*.)

» cordat jusqu'en 1814, les processions de la
» Fête-Dieu, etc., ont eût lieu publiquement
» et paisiblement dans les villes où il y avait
» des temples de communions dissidentes. Il
» y a plus : si la loi organique du concordat
» était loi de l'état et encore en vigueur, l'ad-
» ministration des Sacremens et les enterre-
» mens, selon le rite catholique, ne pour-
» raient avoir publiquement lieu à Lille, et
» cependant l'amour de la légalité n'a point
» encore poussé nos *prôneurs de liberté* à en
» demander la suppression. Est-ce oubli,
» contradiction, ou un reste de pudeur, qui
» a dicté leur tolérance sous ce rapport?

« Nous avons donc démontré par des argu-
» mens sans réplique que les catholiques ont
» été fondés à protester contre la décision de
» la municipalité de Lille; que cette autorité
» a fait un acte arbitraire en défendant les
» processions de la *Fête-Dieu*, et que les ré-
» dacteurs de *l'Écho* sont aussi mauvais lé-
» gistes qu'ils sont pauvres logiciens. »

L'auteur de l'article du 7 septembre aurait
dû commencer par détruire les argumens que
nous venons de transcrire, avant de nous soutenir *que les lois en vigueur prohibent formellement, à Lille, les actes extérieurs du
culte.* Nous lui portons le défi le plus formel
de le faire avec quelque succès.

Nous avions d'abord passé sous silence le reste du paragraphe que voici : « De sorte que si, d'aventure, ces solennelles requêtes psalmodiées contre le choléra faisaient naître quelque incident de trouble, les agens de la police appelés à l'étouffer auraient pour premier devoir de faire vider les lieux à l'escadron coiffé; car nulle part n'est écrit un droit exceptionnel en faveur des attroupemens religieux. »

Le principal motif qui nous avait déterminés à négliger ce passage, c'était la crainte de répondre trop énergiquement à cette espèce de provocation à l'émeute, de défi donné aux hommes qui, à leur respect pour la religion, réunissent le courage de la défendre même au prix de leur vie, et de nous exposer ainsi au reproche d'avoir provoqué de coupables attentats; et c'est là ce que nous voulions éviter. Mais maintenant que l'abominable insinuation de l'*Echo* a reçu son exécution; maintenant que les images de la Mère de Dieu ont été assaillies à coups de pierres par des individus que nous ne caractérisons pas, ne pouvant le faire froidement; maintenant que l'autorité a prononcé, au mépris de la constitution et de l'équité naturelle, contre ceux qu'elle avait mission de protéger, et cédé aux exigences des perturbateurs; maintenant que nos oreilles ont été frappées du cri impie : *A bas la*

Vierge! en présence de la milice citoyenne, sans qu'elle ait fait la moindre démonstration qui annonçât une improbation ; maintenant enfin que nous avons vu l'autorité, pour complaire aux *émeutiers*, ordonner d'éteindre quelques cierges allumés devant l'image de la Vierge, et entendu applaudir à cet acte d'une répréhensible faiblesse, par une trentaine de mauvais sujets, il y aurait lâcheté coupable à vouloir comprimer plus long-tems une trop légitime indignation.

Si l'arrêté de M. le Maire de Lille, en date d'hier (13 septembre) n'était pas intervenu, voici ce que nous aurions répondu, à la provocation indirecte de l'*Echo*, après l'attentat du 12 : Vous ne vous êtes pas contenté, insensé! dans votre langage aussi indécent qu'abject et impie d'insulter à des enfans, à de jeunes filles, à des mères de familles, à des hommes d'honneur et de caractère, que vous n'oseriez pas regarder en face, mais vous avez poussé l'infamie jusqu'à faire un appel aux passions haineuses ; vous avez voulu du scandale, des profanations, du sang peut-être ! Eh bien ! vos vœux ont été remplis, un autre vous-même a pu vous montrer *la marque honorable de ses glorieux exploits*, la mère des pauvres a été outragée dans ces niches séculaires d'où elles protégeait depuis si longtems cette ville ! Vous avez été plus heureux encore : vous avez eu l'indicible plaisir de voir cette partie de la jeunesse lilloise, que vous avez si puissamment contribué à pervertir, se mettre à la hauteur des doctrines de votre feuille incendiaire. Êtes-vous satisfait? êtes-vous content? L'enfer a-t-il fait assez hautement retentir à vos oreilles le bruissement de ses joies ? A-t-il fait bondir assez délicieusement votre cœur de ces transports que lui seul sait si bien faire éprouver ? Vous a-t-il assez favorisé *de la douceur et des charmes* de ces crispations, d'un enivrant délire que lui seul sait si bien communiquer ? Enfin votre ouïe a-t-elle été assez agréablement chatouillée du concert de félicitations que ceux qui ne sont plus et que vous aviez peut-être si bien aidés à se préparer au voyage de l'éternité, vous ont sans doute adressés à l'envi des abîmes du Tartare? S'il en est ainsi, triomphez, battez des mains, applaudissez-vous! Nous ne vous envions pas les délices qui doivent inonder votre âme! Mais ne revenez pas avec trop de confiance à la charge, surtout ne vous faufilez pas parmi les briseurs des images de la Vierge, vous pourriez y rencontrer des chrétiens qui n'ont point encore atteint la perfection de présenter la joue droite après avoir reçu un soufflet sur la joue gauche!

Aux catholiques, voici ce que nous leur aurions dit, dans le cas donné : membres de l'église! enfans de Marie! nos frères en Jésus-Christ! jusqu'ici le respect humain, vos occupations ou peut-être votre peu de ferveur pour les pratiques d'une religion que vous vénérez et dans la communion de laquelle vous comptez mourir, vous ont empêché de vous joindre à vos enfans, à vos filles, à vos épouses, à vos voisins, pour implorer publiquement le secours et la protection de Marie, au milieu de la calamité qui décime la population; voici le moment où il faut sortir de cette apathie : une troupe de mauvais sujets prétendent vous blesser dans vos droits et vos affections les plus chères et les plus légitimes; indignes du nom de Français, puisqu'ils en ignorent l'urbanité, la politesse, l'honneur, ils ne craignent pas de s'attaquer au sexe inoffensif et de le poursuivre de leurs brutalités; ils font plus : ils veulent même vous ravir des droits que vous ne leur avez jamais disputés. Car avez-vous jamais cherché à les troubler dans leurs orgies ? Les avez-vous jamais coudoyés, quand, environnant sur la voie publique, des histrions, ils se repaissaient à satiété des farces plus ou moins indécentes qu'on leur débitait ? Avez-vous rompu leurs rangs, quand ils péroraient sur les places, quand ils glosaient devant un magasin d'estampes ou de caricatures qui révoltent si souvent toute âme honnête ? Non, vous ne l'avez pas fait. Eh bien ! pourquoi permettriez-vous donc qu'on enlève arbitrairement à vos épouses, à vos proches la consolation de déposer leurs peines et leurs craintes dans le sein de la meilleure, de la plus tendre et de la plus puissante de toutes les Mères ? Levez-vous ainsi comme un seul homme, servez de rempart à ce que vous avez de plus cher, serrez-vous surtout auprès de l'image de votre protectrice, que des mains sacriléges veulent outrager. Ne vous laissez pas émouvoir de leurs regards insultants, ne répondez pas même à leurs provocations, à leurs injures ; si les chants profanes qu'ils savent si bien hurler, viennent couvrir vos chants religieux, vos prières, eh bien ! priez en silence : cette attitude seule leur en imposera ; ils ne sont braves que contre ceux qui ne savent pas se défendre. Mais supposez qu'un mauvais génie les pousse à vous attaquer, eh bien ! vous êtes dans l'état de défense légitime, faites-leur sentir la vigueur de votre bras, repoussez une injuste agression, et s'il le faut, sachez mourir aux pieds de Marie !

Mais l'arrêté de M. le Maire de Lille, quoique contradictoire avec ses motifs, illégal et injuste dans ses considérants et ses dispositions, impolitique, funeste et scandaleux dans ses effets et le mode de son exécution, change l'état de la question. Chrétiens, ennemis décidés des principes révolutionnaires, des fauteurs de troubles, nous ne préconiserons jamais la révolte dans l'acception que, dans notre sens intime, nous attachons à ce mot : il faut obéir aux autorités, en ce qui n'est pas contraire à la loi de Dieu. Du moins n'est-il pas permis de repousser par la force les intimations arbitraires qui nous sont faites de sa part. Mais nous sommes loin de poser pour cela en principe, que les âmes pieuses seraient tenues, en conscience, de s'abstenir, en vertu de l'arrêté du maire, d'aller prier et chanter devant l'image de la Vierge. Non, telle n'est pas notre opinion : une opposition passive, une opposition d'inertie, est toujours permise contre une mesure, une injonction arbitraire. Ce que les principes catholiques défendent, c'est de faire une opposition active, hors des voies légales, c'est-à-dire, de repousser la force par la force, quand l'autorité a parlé. C'est ainsi qu'à notre connaissance, on en a agi hier soir (13 septembre) dans certaine rue : l'arrêté du maire était connu ; mais forts de leurs droits, et assez dévoués à leur religion pour ne pas craindre de s'exposer pour sa profession publique ou à quelques persécutions ou à quelques avanies, une cinquantaine de femmes (1) et trois à

---

(1) Que l'auteur des *Cantiques de la rue contre le choléra* apprenne en passant, qu'il y avait plusieurs dames parmi elles.

quatre hommes (1) se réunirent, à l'heure ordinaire, devant l'image de *Marie*. Tout se passa avec ordre et recueillement : il n'y avait pas là *d'émeutiers*. Mais à peine eut-on entonné le premier *Agnus Dei* qu'un détachement de gardes nationaux se présenta. Deux officiers, au regard haut, à l'attitude fière, comme s'ils avoient appartenu à quelque garde prétorienne, devançant de quelques pas leur monde, sommèrent la réunion pieuse et inoffensive, au nom de la loi, de se dissoudre et de se retirer (2) ; et sans laisser à l'assemblée le tems de se reconnaître, les officiers font avancer le détachement au pas de charge, l'arme au bras, et dissipent ainsi le groupe pieux et recueilli, non sans rudoyer et coudoyer les bonnes dames, qui cependant ne se prévalurent pas de leur qualité de *Françaises* : elles voulurent avant tout être *chrétiennes*, et en cette qualité, elles n'auront pas manqué, nous en sommes

(2) Pour la gouverne du peintre des groupes chantants et priants (*voir page* 11), c'étaient des Messieurs.

(2) Si ces Messieurs avaient été logiciens ils auraient dû dire : *de par le Maire de Lille*, défense est faite d'honorer et d'invoquer ici celle que vous regardez comme la *Mère de Dieu*. Nous disons *que vous regardez*, car il est impossible que ces Messieurs, s'ils ont le bon sens, aient été chrétiens, ou du moins qu'ils aient eu la foi ; car s'ils avaient été chrétiens ou qu'ils eussent eu la foi, ils ne se seroient pas prêtés à cette mission : l'exemple des chefs de la légion Thébaine leur aurait servi de règle de conduite.

sûrs, en finissant chez elles leurs exercices interrompus, de recommander leurs grossiers *disperseurs* à la miséricorde divine, en disant : » Pardonnez-leur, Seigneur, ils ne savent pas » ce qu'ils font. »

Cette conduite était chrétienne ; et nous ne savons pas trop ce que l'autorité municipale aurait fait, si ces dames, parmi lesquelles il y en avait qui ne craignent pas d'aller braver l'épidémie dans le réduit du pauvre, eussent recommencé ainsi chaque jour ; sa position eût été des plus critiques. Si, persistant dans sa mesure arbitraire, et mettant de côté les égards dûs au sexe, aux personnes qui implorent, sur leur patrie, les regards de la miséricorde divine, elle s'était décidée à les faire arrêter, et à les traduire devant les tribunaux, nous ne croyons pas qu'elle eût trouvé des juges pour les condamner. Mais les dames chrétiennes se sont contentées d'avoir protesté une première fois : la conscience de n'avoir cédé qu'à la force, a suffi à leur sentiment religieux.

Nous avons dit que l'arrêté de M. le Maire de Lille du 13 septembre était contradictoire avec ses motifs, illégal et injuste dans ses considérants et ses dispositions, impolitique, funeste et scandaleux dans ses effets et le mode de son exécution. Nous allons le prouver.

Et d'abord, il est contradictoire avec ses motifs. Il nous sera facile de le démontrer. Les motifs de M. le maire sont indiqués dans son premier considérant. Le voici : « Consi-
» dérant que des rassemblements répréhen-
» sibles et des déportements coupables ont
» affligé, dans la soirée d'hier, les habitans
» amis des lois et de l'ordre ;

» Que, si des citoyens avaient des plaintes
» à porter ou des griefs à faire redresser, ils
» devaient s'adresser aux magistrats, en suivant
» un mode légal ;

» Qu'il n'était permis à quiconque non re-
» vêtu d'un caractère public, de s'immiscer
» dans les mesures de police, dont l'exercice
» appartient exclusivement à l'autorité muni-
» cipale. »

Maintenant qui s'est rendu coupable de rassemblements répréhensibles et de déportemens coupables ? Ce sont une douzaine des plus mauvais sujets de la ville, qui plus tard ont su rallier autour d'eux un certain nombre de polissons, et peut-être des forçats libérés. Quels individus non revêtus d'un caractère public se sont immiscés, non à faire de la police, mais à molester et à maltraiter des habitans paisibles qui usaient d'un droit légal? Ce sont sans doute les gardes nationaux et d'autres individus marquants qui se sont mêlés aux *émeutiers*, aux briseurs des images de la Vierge? Or la justice distributive exige que l'on sévisse contre les auteurs et non contre les innocentes victimes du délit et du crime. Comment donc M. le Maire a-t-il pu ordonner justement le contraire de ce que son devoir le plus sacré lui prescrivait de faire? On a d'autant plus sujet de s'étonner d'une si étrange conduite de la part de ce fonctionnaire qu'une personne qui lui a parlé sur les lieux du désordre lui a dit : « Pourquoi n'aurions-nous pas le droit de nous rassembler, de chanter et de prier devant les images de la Vierge, tandis que d'autres ont le droit de se rassembler autour d'un chanteur, d'un charlatan ou d'un paillasse dont les chants, les discours et les farces blessent si souvent la pudeur publique? Monsieur le Maire ne se rappelle-t-il pas cette circonstance et n'a-il-pas répondu : « *C'est juste.* » Comment son opinion a-t-elle pu changer sitôt? C'est un mystère que nous ne chercherons pas à pénétrer. Il nous suffit d'avoir montré que l'arrêté du Maire est contradictoire avec ses motifs.

Il est illégal et injuste dans ses considérants et ses dispositions. Nous le prouvons. « Considérant que si, dit M. le Maire, dans les circonstances douloureuses où nous sommes, pendant le cours du fléau qui afflige cette

» ville, nous avons usé de tolérance à l'égard
» des personnes qui se sont livrées à des pra-
» tiques extérieures de piété sur la voie pu-
» blique, il est de notre devoir, dès qu'il en
» résulte des troubles, d'ôter tout prétexte
» au désordre, et de prendre des mesures
» convenables pour que toute tentative cou-
» pable soit rendue impossible ou immédia-
» tement réprimée. »

Nous répondons en premier lieu : On ne tolère que ce qui n'est pas permis par la loi : or, la loi, ou plutôt la constitution, à laquelle toutes les lois doivent être subordonnées, permet les pratiques extérieures de piété : nous l'avons établi page 13 et suivantes par des argumens que nous défions l'autorité municipale ou toute autre autorité, ou tout individu quelconque de détruire, (1) par des argumens plus péremptoires et plus concluants. Nous ferons d'ailleurs observer par surérogation à M. le maire, que depuis long-temps les catholiques sont en possession de ce droit qu'on voudrait leur contester et leur retirer aujour-

(1) Nous sommes étonnés que *la Boussole*, dans son spirituel et courageux article du 16, ait reconnu la légalité de la défense de prier sur la voie publique. Il est vrai qu'elle modifie sa concession par les réflexions dont elle l'accompagne ; mais c'est toujours une concession, et il ne faut jamais en faire, quand il s'agit des principes. La loi républicaine de l'an IV est abolie depuis plus de 30 ans.

d'hui. En effet, depuis le rétablissement de la religion catholique en France, l'administration des sacremens aux malades ne s'y fait-elle pas publiquement et solennellement? La croix, le signe de notre rédemption, ne précède-t-elle pas les convois? Le clergé n'y assiste, n'y chante ou n'y prie-t-il pas sur la voie publique? Les *émeutiers* eux-mêmes ne réclament-ils pas impérieusement les pratiques extérieures de piété et de religion, quand un des leurs a eu le courage insensé de mourir sans sacremens? Le calvaire, qui a même survécu à la révolution, n'orne-t-il pas vos remparts? N'est-ce pas la voie publique, et n'y trouvet-on pas à chaque heure du jour des personnes qui prient? Enfin les images de la Vierge ne se trouvent-elles pas depuis un temps immémorial dans un grand nombre de vos rues? Et celles qui ont été inaugurées dans d'autres depuis l'invasion du fléau, ne l'ont elles pas été avec l'assentiment de la police? N'y a-t-il pas des images de la Vierge à Lille, devant lesquelles des habitans du quartier ont toujours conservé l'habitude de chanter les litanies le samedi soir? Que nous parlez-vous donc de tolérance! Ce que vous prétendez avoir toléré, eu égard aux circonstances douloureuses, vous ne pouviez le défendre sans tomber dans l'arbitraire le plus patent, sans une criante injustice envers ceux que votre devoir était de protéger dans la jouissance de leurs droits, dans l'exercice de leurs innocentes et consolantes pratiques, sans une coupable partialité pour les perturbateurs.

Parti d'une assertion ou d'un principe erroné, vous êtes arrivé à une fausse conséquence. La repression du désordre était dans vos attributions, c'était le plus beau de vos devoirs : mais c'était contre les instigateurs et les auteurs du désordre qu'il fallait employer votre zèle : c'était contre eux qu'il fallait déployer l'autorité dont vous êtes investi. La veille, les bons citoyens avaient applaudi à votre promptitude à vous rendre sur les lieux, à la fermeté que vous y aviez montrée, aux sentimens que vous y aviez manifestés. Un jour de fermeté de plus, les mots : *respect à la loi! liberté pour tout le monde!* proclamés avec énergie, et les perturbateurs déjà intimidés par l'attitude qu'on allait prendre contre eux, fussent rentrés dans l'ordre : ils sont en trop petit nombre à Lille, pour que leur violence fût à redouter. Au lieu d'une telle conduite, digne de vous, vous avez trouvé plus sage de vous incliner devant les *émeutiers*. Brave sur le champ de bataille, vous avez manqué de ce courage civil qu'un ministre en perspective (1) élevait tout récemment si haut, et vous n'avez su être fort que contre ceux dont vous

(1) M. Dupin, à l'académie.

n'aviez pas d'opposition active à redouter. Puissiez-vous ne pas avoir à vous repentir de cette première faiblesse !

Ce qui nous surprend encore, c'est que M. le baron Méchin ait pu apposer son visa à cet arrêté. A une autre époque, déjà bien loin (il y a quelques 25 ans), alors qu'il était préfet du département de la Roër, où il a laissé la réputation d'un administrateur habile, équitable et ferme, il n'était pas aussi facile à céder à d'injustes exigences. Il n'affichait pas plus alors qu'aujourd'hui une piété extérieure, mais il savait faire respecter la religion et protéger la liberté des cultes. Sans doute il aura conservé le souvenir du célèbre pélérinage de *Kevelaer*, arrondissement de Clèves, à égale distance de *Gueldres* et de *Goch*, où la *mère de Dieu* est honorée sous le titre de *Consolatrice des affligés*, et où il arrive annuellement, à plus de 50 lieues de distance, de 3 à 400,000 (1) pèlerins, traversant en chantant et en priant, les villes et les communes qui se trouvent sur leurs passages, même celles où il y a des temples de communions dissidentes. A-t-il jamais cherché à mettre obstacle à ces processions, à ces actes extérieurs de religion? Nous ne le pensons pas;

(1) Il y a des jours où l'on y compte jusqu'à 30,000 communions.

et nous sommes persuadés que ceux qui eussent voulu les troubler, n'auraient pas trouvé en lui la condescendance du préfet du département du Nord en 1832.

L'arrêté de M. le maire a été impolitique, funeste et scandaleux dans ses effets et le mode de son exécution,

Impolitique par rapport aux membres de la religion catholique. Ils n'ont jamais cherché à troubler l'ordre; ils sont par leurs principes éminemment amis de la tranquillité publique. Plus une population est attachée à cette religion toute divine, plus elle est facile à administrer : elle sait sans doute faire valoir ses droits; mais elle ne délibère pas dans le forum : elle invoque les principes, et s'ils sont éludés, elle sait même céder à l'arbitraire, si l'autorité se le permet. Mais rien n'est plus propre à la blesser profondément qu'une atteinte portée à ses droits religieux : elle la sent bien plus vivement, lorsque l'autorité, bien loin de la contrarier dès le principe, a au contraire agi comme si elle voulait l'encourager. Bref si elle aime de préférence à s'enfermer dans ses églises, si elle ne tient aux cérémonies publiques, que dans les grandes solennités, faites avec pompe dans tout le monde catholique, que dans quelques circonstances particulières, ne doit-elle pas être sensiblement affectée, quand on exerce cet arbitraire à son égard, dans un moment qu'une terrible épidémie contre laquelle l'art a eu jusqu'ici un si faible succès, moissonne chaque jour tant de victimes? Et ses regrets ne doivent-ils pas être d'autant plus vifs qu'elle n'ignore pas les heureux effets que les prières publiques ont produits dans d'autres localités! Rouen, par exemple, fut une des premières villes où le fléau se montra après Paris. Aussitôt le pieux archevêque prescrivit, entr'autres, des processions publiques: tout le clergé, le prélat en tête, suivi des fidèles, parcourut processionnellement la ville, au milieu du chant du *Miserere*, etc., etc. Il y a aussi des religionnaires, des temples dissidents à Rouen, et même des libéraux, peut-être en plus grand nombre qu'à Lille. Cependant il n'y a pas eu d'émeutes, l'autorité n'a pas fait dissiper la procession. Aussi le choléra n'a-t-il été nulle part, proportion gardée, moins bénin qu'à Rouen. Ne pourrait-on pas regarder cela, sans témérité, sans fanatisme, comme une preuve de la puissance des prières publiques, quand on n'aurait pas à invoquer à l'appui de cette opinion, ce qui s'est passé lors de la terrible peste qui désola, au commencement du siècle dernier, la ville de *Marseille*, et tant d'autres exemples rapportés par l'histoire ecclésiastique et profane? Or, qui oserait soutenir qu'il est politique d'indisposer, aussi violemment que l'a fait M. le maire, ceux, qui, dans le besoin, seroient le plus disposés à protéger les personnes et les propriétés?

Impolitique par rapport aux perturbateurs. On ne cède jamais impunément à l'émeute, aux exigences des passions injustes et haineuses, aux attaques dirigées contre les objets du culte. Les *émeutiers* aiment à essayer leurs forces, à sonder le terrain, à mettre la fermeté de l'autorité à l'épreuve. Si celle-ci fléchit tant soit peu, si elle cherche à composer avec les cris provocateurs de la place publique, si elle recule devant la responsabilité d'appeler la vindicte des lois sur la tête des coupables, elle autorise un antécédent fâcheux qu'elle ne tardera pas à déplorer. Pense-t-on par exemple que la bande de vandales que la ville de Lille renferme malheureusement dans son sein, eût osé, en 1832, renouveler ses saturnales, si, en 1831, elle eût rencontré dans les dépositaires des lois, l'inflexibilité qui doit les caractériser, quand il s'agit de réprimer les atteintes aux propriétés publiques, à la religion des tombeaux! Qui voudrait le soutenir? En vain l'autorité se flatte-t-elle que, à force de concessions, elle parviendra à calmer cette effervescence irréligieuse, à paraliser cette manie du désordre, à arrêter cet esprit d'envahissement et de destruction qui travaille certains jeunes et vieux cerveaux. Aujourd'hui vous n'avez pas le courage de faire respecter les pratiques extérieures de piété; demain peut-être vous n'aurez pas le pouvoir de protéger le culte intérieur : aujourd'hui vous n'osez sévir contre ceux qui veulent détruire les monumens extérieurs de la piété de vos pères; demain peut-être vous n'aurez pas le pouvoir de protéger les personnes et les propriétés. Car ne vous y trompez pas, la société actuelle couve dans son sein des êtres dont les uns ont soif de sang, les autres de pillage. Quels regrets amers et tardifs, viendraient vous assaillir, quels remords viendraient bourreler vos consciences, si par un juste châtiment du Ciel, ces prévisions venaient à s'accomplir? L'intérêt le plus positif de la cité faisait donc à l'autorité le devoir le plus impérieux de sévir contre les perturbateurs et non de leur céder.

L'arrêté de Monsieur le Maire est funeste dans ses effets. Il a affligé et afflige journellement tous les habitans qui mettent au premier rang de leur devoir, le respect pour la religion et ce qui s'y rattache d'une manière intime; il a porté la désolation et le découragement parmi les pauvres. « Depuis que nous avions eu recours à la vierge, depuis que nous nous réunissions publiquement aux pieds de son image, disent-ils, nous avions moins peur de la maladie ; le fléau diminuait même sensiblement ; il est des quartiers (1) où il avait entièrement cessé du moment qu'on y avait inauguré l'image *de la reine des anges*; mais depuis que *la riche canaille*, les écoliers et les polissons ont commencé à faire du tapage, à hurler la *Marseillaise*, à assaillir ceux qui chantaient et priaient, à lancer des pierres contre *le salut des infirmes*; depuis que l'autorité nous a défendu de prier et de chanter en public, depuis que des gardes nationaux sont venus nous chasser d'auprès de *notre bonne mère*, qu'ils nous ont crié : *ôtez le cierge! Cette poupée, qu'a-t-elle besoin de cierge?* (historique), la maladie étend ses ravages, les décès sont plus nombreux, les coups de la mort plus rapides et plus imprévus, nos craintes, nos terreurs deviennent plus vives. Pourquoi ce redoublement de calamités! C'est que la vierge, qui arrêtait le bras vengeur de son fils irrité des abominations de la terre, semble nous avoir retiré sa protection, depuis que des mains impies ont osé s'élever contre elle, depuis que des bouches blasphématrices n'ont pas craint de proférer le cri affreux : *à bas la vierge!* — Il est vrai,

---

(1) Entr'autres : *la Cour du Vacher*, sur laquelle l'*Echo* a donné des renseignemens si faux : mais n'anticipons pas.

la maladie flagelle à son tour assez rudement les classes aisées, qu'elle avait semblé vouloir ménager. On assure même que quelques uns de ceux, qui, il y a peu de jours, montraient une si rare bravoure contre des femmes et des enfans, sont déjà partis pour apprendre les nouvelles de l'autre monde ; que d'autres ont déjà eu à pleurer la perte d'une épouse, d'un enfant, d'un proche. Mais pourquoi faut-il que nous pâtissions pour les autres ? Est-ce peut-être, parce que nous avons eu peur, parce que nous n'avons pas eu le courage de nous laisser maltraiter aux pieds de la vierge, parce que nous avons craint la prison, etc., etc. N'ouvrira-t-on donc jamais les yeux à la lumière ? Ne reconnaîtra-t-on pas à la fin que les profanations reçoivent presque toujours un commencement de châtiment dès cette vie même ? Ne reviendra-t-on pas d'un moment de faiblesse ? Ne se décidera-t-on pas à nous permettre d'aller de nouveau nous rassurer sous les ailes protectri- de *la consolatrice des affligés?* »

Les entendez-vous, dépositaires des pouvoirs municipaux, ces plaintes qui s'échappent de toutes parts de la poitrine des pauvres alarmés ? Les entendez-vous ces expressions du bon sens populaire ! Les entendez-vous, gardes nationaux, qui vous êtes montrés si rigides exécuteurs des ordres de l'autorité